Le buffet dînatoire "zen"

I

Planifier, préparer, profiter !

Copyright © Editions Poerava, Marseille, 2023

Couverture : Régis Granier

Tous droits réservés. www.editions-poerava.com

ISBN : 978-2-487407-01-5

Table des Matières

L'Art de Tout Organiser Soi-Même : Entre Chaos et Confettis   9

Partie 1 : PREPARATION ET PLANIFICATION _____ **13**

    Chapitre 1 **Le Buffet Dinatoire : une Option « Zen »** _____ **15**

        Le concept du buffet dînatoire _____ 15

        Des avantages de choisir un buffet dînatoire _____ 16

        Une expérience détendue pour les hôtes et les invités _____ 18

    Chapitre 2 **L'Art de la Planification** _____ **19**

        Le Pouvoir de la Planification _____ 19

        Créez votre check liste _____ 20

        Choisir la Date, l'Heure et le Lieu _____ 22

        Les Invitations et la Gestion des RSVP _____ 22

    Chapitre 3 **Concevoir un Menu Équilibré** _____ **25**

        L'Importance de l'Équilibre _____ 26

        Élaboration du Menu _____ 28

        La Planification de la Quantité _____ 31

Chapitre 4 **Gestion du Budget** _____ 33

    Établir un Budget Réaliste _____ 33

    Maximiser la Valeur de Votre Budget _____ 36

Chapitre 5 **Planification Logistique** _____ **39**

    La Préparation Anticipée _____ 39

    Les différentes techniques   41

    Jour de l'Événement : Organisation et Service _____ 56

Chapitre 6 **Organisation de l'Espace et de la Décoration** 59

    Comment Disposer la Table du Buffet de Manière Attrayante _   59

    Idées de Décoration pour Créer une Ambiance Zen _____ 61

    Maximiser l'Espace pour une Circulation Fluide des Invités _____ 62

Partie 2 : LA REUSSITE DU JOUR J _____ **65**

Chapitre 7 **Coordination du Service** _____ **67**

    Accueil des Invités _____ 67

    Déroulement du Service _____ 68

    Répondre aux Besoins Spécifiques _____ 69

    Fin du Service et Rangement _____ 70

Chapitre 8 **L'art de la présentation** **73**

Le Choix de la Vaisselle 74

La Décoration de la Table du buffet 75

La Présentation des Plats 78

L'Éclairage ambiant 79

Les Petits Détails 80

Chapitre 9 **Création d'une Atmosphère Détendue** **83**

Restez Calme et Confiant 83

Interagissez avec Vos Invités 84

Créez une Ambiance Agréable 85

Chapitre 10 **Gestion des Imprévus** **89**

Rupture d'Équipement 89

Invités en Retard 90

Problèmes de Service 91

Changement de Plan de Secours 92

Chapitre 11 **Gestion des Restes et du Nettoyage** **93**

Que Faire des Restes de Nourriture 93

Conseils pour le Nettoyage Efficace de l'Espace Après l'Événement 95

Réduire le Gaspillage Alimentaire 96

Partie 3 : ***PROFITER DE L'EVENEMENT*** **99**

Chapitre 12 **Créer des Souvenirs Inoubliables** **101**

    Immortaliser l'Événement à travers la Photographie 101

    Idées pour des Activités et des Jeux qui Renforcent les Souvenirs 103

    Les Cadeaux de Remerciement à Vos Invités 104

Chapitre 13 **Savourer le Succès du Buffet Dînatoire Zen** **107**

    Profiter de l'Événement 107

    Soyez Présent 108

    Recueillir les Commentaires et les Retours des Invités 109

Chapitre 14 Événements Spéciaux : Mariages, Anniversaires et Plus 111

    Organiser un Buffet Dînatoire pour un Mariage Hors du Commun 112

    Célébrer les Anniversaires 114

    Autres Événements 115

Conclusion : À Table, et que la Fête Continue ! 117

L'AUTEUR ET SES OUVRAGES 119

L'Art de Tout Organiser Soi-Même :
Entre Chaos et Confettis

Vous avez décidé de préparer un événement majeur de A à Z, qu'il s'agisse d'un mariage, d'un baptême ou d'un anniversaire. Vous êtes prêt à affronter ce défi avec enthousiasme et détermination. Mais laissez-moi vous dire que vous vous apprêtez à vivre une aventure pleine de rebondissements et d'anecdotes à raconter. Car organiser un événement de grande envergure tout seul, c'est un peu comme jongler avec des balles enflammées - ça a l'air amusant, mais ça peut rapidement tourner au désastre.

Commençons par le mariage. Vous avez décidé de dire "oui" à l'amour de votre vie, et vous avez également décidé de dire "oui" à une montagne de stress. La liste des tâches à accomplir semble infinie. Trouver le lieu parfait, choisir la robe de mariée, élaborer un menu gastronomique pour les invités - tout cela peut sembler être une sinécure jusqu'à ce que vous vous retrouviez à courir partout, à essayer de faire tenir des nappes sur des tables avec des vents capricieux et à espérer que le gâteau de mariage ne s'effondre pas comme une tour de cartes.

Et que dire du baptême ? Organiser un baptême, c'est un peu comme essayer de convaincre un groupe de rock de jouer du classique pendant une journée. Vous devez choisir le parrain et la marraine, trouver la tenue parfaite pour le bébé, et préparer une cérémonie qui ne soit ni trop longue ni trop ennuyeuse. Vous pensiez que gérer les caprices d'un enfant était difficile ? Essayez de gérer les caprices de toute une assemblée qui discute de la meilleure façon de faire un baptême, en voulant y mettre leur grain de sel !

Quant à l'anniversaire, c'est là que les choses deviennent vraiment épiques. Vous avez probablement pensé que c'était une bonne idée de célébrer votre anniversaire en grande pompe, mais une fois que vous avez commencé à planifier, vous avez découvert que l'enfer était pavé de ballons gonflables. Il y a la question du thème, des invitations, de la nourriture, et bien sûr, de la musique. Et si vous n'êtes pas un DJ professionnel, préparez-vous à être critiqué par chaque invité qui pensera que "Macarena" est un choix de chanson dépassé.

Mais, rassurez-vous, il y a aussi des moments de joie inestimable dans cette folle aventure. Vous verrez le sourire émerger sur le visage de votre bien-aimé(e) lorsqu'il ou elle découvrira la surprise que vous avez préparée. Vous assisterez à la magie d'un bébé qui est officiellement accueilli dans la famille, entouré d'amour et d'affection. Vous vous amuserez aux éclats avec vos amis et votre famille lors de votre anniversaire, et vous vous direz que toute cette folie en valait la peine.

Alors, que vous planifiiez un mariage, un baptême ou un anniversaire, rappelez-vous que chaque moment est une chance de créer des souvenirs inoubliables. Et même si vous vous retrouvez à courir partout, à vous demander pourquoi diable vous avez choisi de tout faire vous-même, souvenez-vous que c'est précisément cette aventure chaotique qui rendra cet événement si spécial et mémorable. Alors, enfilez votre casquette de chef d'orchestre du chaos avec style, et que les confettis volent !

N'oubliez pas que malgré les défis, l'essentiel est de créer des souvenirs précieux et de célébrer les moments importants de la vie, entourés de ses proches.

Partie 1 :

PRÉPARATION ET PLANIFICATION

CHAPITRE 1 - Le Buffet Dinatoire : Une Option « Zen »

Le concept du buffet dînatoire

Le buffet dînatoire, c'est un peu comme le chef-d'œuvre d'un magicien culinaire. Imaginez-vous entrant dans une salle remplie d'arômes alléchants et de plats colorés, où chacun de vos invités à l'opportunité de se régaler selon ses préférences. Les buffets dînatoires offrent une liberté gastronomique que les repas traditionnels à table ne peuvent tout simplement pas égaler. Et c'est là que réside leur charme, en plus d'être pratique !

L'idée fondamentale derrière un buffet dînatoire est simple : vous disposez les plats et les mets sur une grande table ou un comptoir, et vos invités se servent à leur guise. Plus besoin d'attendre que les serveurs apportent chaque plat individuellement ou de se sentir coincé à une place attitrée. Au lieu de cela, les invités sont libres de déambuler, de discuter avec d'autres convives, et de choisir exactement ce qu'ils veulent manger.

Des avantages de choisir un buffet dînatoire

Maintenant, vous pourriez vous demander pourquoi vous devriez opter pour un buffet dînatoire plutôt que pour un repas servi à table. Eh bien, laissez-moi vous énumérer quelques avantages indéniables :

Diversité gastronomique

Avec un buffet dînatoire, vous pouvez proposer une variété de plats qui satisferont tous les palais. Des plats principaux aux accompagnements, en passant par les hors-d'œuvre et les desserts, les options sont presque infinies. C'est en plus beaucoup plus convivial et vous êtes sûre que Tante Berthe trouvera quelque chose à son goût, que la cousine Géraldine ne fera pas d'allergie et que la copine « végé » ne sera pas à la diète. C'est une chance de faire briller votre créativité culinaire et de surprendre vos invités avec une palette de saveurs.

Adaptabilité

Les buffets dînatoires s'adaptent à toutes les tailles de groupe, des petites réunions aux grandes fêtes. Vous n'avez pas besoin de vous soucier de la manière de placer tout le monde à une table, car vos invités sont libres de choisir leur siège. C'est particulièrement utile lorsque vous avez des invités de différents groupes sociaux qui aiment se mélanger.

Interaction sociale

Un buffet dînatoire encourage les interactions sociales. Vos invités auront l'occasion de se déplacer, de discuter avec de nouvelles personnes et de créer des souvenirs en toute décontraction. C'est une expérience plus informelle et conviviale que le service à table.

Flexibilité

L'un des plus grands avantages des buffets dînatoires, c'est leur flexibilité en termes de timing. Vous n'avez pas à vous soucier que la viande soit servie froide ou que le poisson soit sec. Les invités peuvent se servir quand ils le souhaitent, ce qui signifie que la nourriture est toujours fraîche et appétissante.

Une expérience détendue pour les hôtes et les invités

En tant qu'hôtes, nous avons tous connu ces moments stressants où nous nous demandions si tout se passera bien. Avec un buffet dînatoire, vous pouvez laisser une grande partie de ce stress derrière vous. Vous n'avez pas à vous inquiéter de la précision du service, car les invités se servent eux-mêmes. Vous pouvez profiter de votre propre fête sans courir partout pour servir les plats.

Pour vos invités, l'expérience est tout aussi détendue. Ils ont la liberté de choisir ce qu'ils veulent manger, de revenir pour une deuxième portion de leur plat préféré, et de se déplacer librement dans l'espace. Finis les moments gênants où l'on se demande si on devrait demander plus de sauce ou s'il est approprié de quitter la table pour saluer un ami.

En fin de compte, les buffets dînatoires créent une atmosphère de convivialité et de décontraction qui permet à tous de se sentir à l'aise. Ils sont parfaits pour toutes sortes d'événements, qu'il s'agisse d'un baptême, d'un mariage, d'un anniversaire ou même d'une simple réunion entre amis. Alors, prêts à plonger dans l'univers magique des buffets dînatoires « zen » ?

CHAPITRE 2 :

L'Art de la Planification

La première étape vers un buffet dînatoire réussi est la planification. Comme pour toute grande aventure, une bonne planification est la clé pour naviguer à travers les défis et atteindre votre destination avec succès. Je suis Sophie-Fleur, votre « guide » pour cette aventure gastronomique. Je vais vous montrer comment planifier votre buffet dînatoire de manière que tout se déroule en douceur le jour de l'événement !

Le Pouvoir de la Planification

Imaginez planifier un road trip épique sans carte routière ni GPS. Vous finiriez probablement par vous perdre, tourner en rond, et gaspiller beaucoup de temps et d'énergie en cours de route. La planification de votre buffet dînatoire est un peu comme la création de cette carte routière. Elle vous permet de définir un itinéraire clair pour atteindre votre destination sans tracas.

Créez votre Check Liste

La première étape de votre planification consiste à créer une liste de contrôle détaillée. Cette liste deviendra votre meilleure amie tout au long du processus. Elle vous aidera à suivre les tâches à accomplir, à garder un œil sur les délais et à vous assurer que rien n'est oublié.

Votre check liste devrait inclure les éléments suivants :

Date et lieu de l'événement :

La première chose à décider est la date de votre buffet dînatoire et l'endroit où il se déroulera. Assurez-vous de réserver la salle ou l'espace à l'avance si nécessaire.

Nombre d'invités :

Estimez combien de personnes seront présentes à votre événement. Cela vous aidera à déterminer la quantité de nourriture nécessaire.

Thème ou style :

Avez-vous un thème spécifique pour votre buffet dînatoire, comme une soirée à thème, un buffet de cuisine internationale, ou quelque chose de plus décontracté ? Choisissez un style qui correspond à l'ambiance que vous souhaitez créer.

Budget :

Fixez un budget réaliste pour votre buffet dînatoire. Cela vous aidera à prendre des décisions éclairées sur les plats et les options de service.

Menu :

Commencez à réfléchir à ce que vous voulez servir. Prenez en compte les préférences alimentaires de vos invités (végétarien, végétalien, casher, hallal, etc.) et les allergies, et assurez-vous d'inclure une variété de plats, d'accompagnements et de desserts.

Liste des courses :

Une fois votre menu établi, créez une liste de courses complète avec tous les ingrédients et les fournitures dont vous aurez besoin. Ne négligez pas les détails, même les plus petits !

Échéancier :

Élaborez un calendrier détaillé qui indique quand vous effectuerez chaque tâche. Cela vous aidera à répartir le travail sur plusieurs semaines plutôt que de tout laisser à la dernière minute.

Choisir la Date, l'Heure et le Lieu

La date, l'heure et le lieu de votre buffet dînatoire sont les premières décisions majeures que vous devrez prendre. Choisissez une date qui convienne à la majorité de vos invités et vérifiez la disponibilité de la salle ou de l'espace que vous avez en tête. Si vous organisez un événement en plein air, pensez à un plan de secours en cas de mauvais temps.

Pensez également à l'heure à laquelle vous souhaitez servir le repas. Les buffets dînatoires sont flexibles, vous pouvez donc opter pour un déjeuner, un dîner ou même un brunch en fonction de l'occasion. Assurez-vous simplement que l'heure choisie convienne à vos invités.

Les Invitations et la Gestion des RSVP

Une fois la date, l'heure et le lieu définis, il est temps de commencer à envoyer les invitations. Que vous choisissiez des invitations physiques ou électroniques, assurez-vous de les envoyer suffisamment tôt pour que vos invités puissent bloquer la date dans leur calendrier (Environ un mois avant un anniversaire, six mois avant un baptême et un an avant un mariage).

N'oubliez pas d'inclure une date limite pour les réponses (RSVP) afin de savoir combien de personnes prévoient d'assister à votre buffet dînatoire. Cela vous aidera à planifier la quantité de nourriture nécessaire et à ajuster votre liste de courses en conséquence.

La planification est la première étape essentielle vers un buffet dînatoire réussi. En créant une liste de contrôle détaillée, en choisissant la date, l'heure et le lieu appropriés, et en envoyant des invitations avec des demandes de RSVP, vous posez les bases solides pour la suite.

C'est le fondement sur lequel repose le succès de tout l'événement, et il est essentiel de commencer tôt et de rester organisé pour que tout se déroule en douceur.

Chapitre 3 :

Concevoir un Menu Équilibré

Bienvenue au cœur de la création de votre buffet dînatoire : le menu. C'est ici que votre créativité culinaire peut s'épanouir, et où vous avez l'opportunité de surprendre et de régaler vos invités.

Dans ma famille, nous avons ceux qui ne digèrent pas le poivron, ne supportent pas l'ail, n'aiment pas les champignons ou les fruits de mer, une allergique au poivre, et une autre au sarrasin… Je ne vous parle pas des amis végé ou de ceux à qui les légumes font faire des cauchemars ! Je vais pouvoir vous guider sans problème à travers le processus de conception d'un menu équilibré qui plaira à tous, des amateurs de viande aux végétariens, en passant par ceux qui ont des besoins alimentaires spécifiques.

L'Importance de l'Équilibre

Un buffet dînatoire réussi repose sur l'équilibre. Vous voulez offrir une variété de plats qui satisferont tous les palais, tout en vous assurant que chaque élément du menu s'accorde harmonieusement avec les autres. Voici quelques éléments clés à prendre en compte lors de la conception de votre menu :

Diversité des Plats Principaux

L'un des premiers choix à faire est celui des plats principaux. Optez pour une diversité qui ravira tous les goûts. Si vous servez de la viande, proposez également des options végétariennes. Vous pourriez avoir un plat de viande rôtie ou grillée, un plat de poisson, et un plat végétarien comme un curry de légumes ou une tarte aux champignons.

Variété d'Accompagnements

Les accompagnements sont l'occasion de jouer avec les saveurs, les textures et les couleurs. Vous pouvez proposer une variété de salades, de riz, de légumes cuits et de pommes de terre sous différentes formes. Ne négligez pas les sauces et les condiments qui peuvent rehausser les plats, mais présentez-les à part, que chacun puisse choisir.

Alternatives sans Allergènes

Avec de plus en plus de personnes ayant des allergies alimentaires, il est important de prévoir des alternatives. Assurez- vous de marquer clairement les plats contenant des allergènes courants comme les noix, le gluten ou les produits laitiers. Proposez également des plats sans allergènes pour que chacun puisse se régaler en toute sécurité. Si vous le pouvez, effectuez en amont une liste des allergies… ce serait dommage de finir la soirée à l'hôpital !

Options pour les Enfants

Si des enfants seront présents à votre événement, pensez à inclure des options adaptées à leur palais. Des mini-pizzas, des bâtonnets de légumes avec trempette, des feuilletés saucisses ou des mini-burgers sont des choix qui fonctionnent toujours pour les plus jeunes.

Une Variété de Saveurs et de Textures

Créez un équilibre entre les saveurs et les textures. Vous pourriez avoir des plats doux et crémeux, du chaud et du froid, des bouchées et des verrines, du léger et du nourrissant ainsi que des plats épicés et croquants. Assurez-vous que chaque plat apporte quelque chose d'unique à la table.

Élaboration du Menu

Maintenant que vous avez une idée de l'équilibre que vous souhaitez atteindre, il est temps de commencer à élaborer votre menu. Voici quelques étapes à suivre pour vous y aider :

Définissez votre thème ou votre style

Avant de choisir les plats, réfléchissez au thème ou au style de votre buffet dînatoire. Est-ce un buffet de cuisine internationale, une soirée à thème, ou quelque chose de plus traditionnel ? Votre menu devrait refléter le thème choisi.

Listez les catégories de plats

Divisez votre menu en catégories telles que les apéritifs, les entrées, les plats, les accompagnements, les salades, le fromage et les desserts. Cela vous aidera à organiser vos idées. Pensez à le faire aussi pour les boissons, qu'elles soient toutes prêtes ou que vous souhaitiez préparer des cocktails.

Choisissez les plats

Passez en revue les options pour chaque catégorie et sélectionnez les plats qui vous inspirent. Essayez de maintenir un équilibre entre les viandes, les poissons, les plats végétariens et les plats sans allergènes. Vérifier les recettes.

Pensez aux besoins alimentaires spécifiques

Si vous avez des invités avec des besoins alimentaires spécifiques, assurez-vous de leur offrir des options adaptées. Les plats végétariens, sans gluten, sans produits laitiers ou sans noix sont des choix courants. Veillez à ce que ces plats soient clairement identifiés pour que vos invités puissent les repérer facilement.

Prévoyez des plats familiaux

En plus des plats individuels, envisagez d'inclure des plats familiaux qui favorisent le partage. Un grand plat de paella, une planche de charcuterie ou un plateau de fruits de mer peuvent ajouter une touche conviviale à votre buffet.

Équilibrez les saveurs et les textures

Assurez-vous que chaque plat apporte quelque chose de différent en termes de saveur et de texture. Évitez d'avoir trop de plats similaires. Par exemple, si vous servez un plat principal épicé, équilibrez-le avec un plat plus doux et crémeux.

Faites des essais

Avant de vous engager définitivement, testez les recettes que vous envisagez de servir. Assurez-vous qu'elles sont à votre goût et qu'elles fonctionnent bien en quantités plus importantes.

Etablissez votre rétroplanning et vos fiches

Maintenant que vous avez effectué et testé vos choix, dressez une liste de ces recettes triées par temps de préparation à l'avance et modes de conservation. Vous pourrez alors organisez votre planning en fonction de votre emploi du temps et prévoir par exemple un week-end pour cuisiner tout ce qui se congèle, un autre pour ce qui se stérilise, etc.

Considérez la présentation

La présentation des plats est essentielle dans un buffet dînatoire.

Pensez à la manière dont chaque plat sera disposé sur la table. Utilisez une variété de plats, de bols et de présentoirs de différentes tailles pour ajouter de la dimension à votre buffet. N'oubliez pas les éléments décoratifs, comme les herbes fraîches, les fleurs comestibles ou les garnitures colorées, qui peuvent ajouter une touche d'élégance à vos plats. N'hésitez pas à vous servir d'une cagette, d'un panier ou bien d'autres choses à détourner pour un buffet personnalisé.

La Planification de la Quantité

Une fois que vous avez finalisé votre menu, il est temps de planifier la quantité de chaque plat pour pouvoir préparer vos listes de courses. Cela dépendra du nombre d'invités que vous attendez. Voici quelques conseils pour vous aider à estimer les quantités :

Pour les plats principaux, prévoyez environ 150 à 200 grammes de viande ou de poisson par personne. Pour les plats végétariens, comptez un peu plus, car ils sont souvent les choix préférés des non-végétariens.

Pour les accompagnements, prévoyez environ 100 à 150 grammes par personne. Les amateurs de légumes en prendront plus, alors assurez-vous d'en avoir suffisamment.

Les salades sont légères, alors prévoyez environ 50 à 75 grammes par personne. Si vous en servez plusieurs, divisez la quantité totale en conséquence.

Pour les hors-d'œuvre, prévoyez de 4 à 6 pièces par personne si vous les servez avant le repas principal. Si vous organisez un cocktail dînatoire, vous pouvez prévoir de 12 à 15 pièces par personne.

Les desserts sont toujours populaires, alors prévoyez-en suffisamment. Comptez au moins un dessert par personne, voire plus si vous proposez une variété de choix.

Personnellement, je suis entourée de « bons vivants », je prévois du coup toujours plus que la moyenne. S'il y a des restes, je ne jette surtout pas ! Nous les finissons le lendemain.

Chapitre 4 :

Gestion du Budget

La gestion du budget est une étape cruciale dans la préparation de votre buffet dînatoire. Il est facile de se laisser emporter par la créativité culinaire, mais il est tout aussi important de garder un œil sur les coûts. Voici de quoi vous aider à établir un budget le plus réaliste possible, maximiser la valeur de chaque euro dépensé, et éviter les mauvaises surprises, je l'espère.

Établir un Budget Réaliste

La première étape de la gestion du budget consiste à définir non seulement combien peuvent vous coûter vos choix, mais surtout ce que vous êtes prêt à dépenser pour votre événement… ou pas.

Éléments à prendre en compte dans le budget :

Nourriture :

C'est la principale dépense de votre buffet dînatoire. Estimez combien vous prévoyez dépenser par personne en fonction du menu que vous avez élaboré. Prévoyez 4 à 6 canapés ou mignardises par convive (canapés, feuilletés, pains surprise, verrines, navettes ou toasts garnis, macarons, mignardises, chouquettes) pour un apéritif simple. Pour un cocktail, comptez 12 à 15 pièces par personne. Pour un buffet dînatoire destiné à remplacer à 100% un repas, prévoyez environ 20 pièces par convive.

Boissons :

Si vous servez de l'alcool, prévoyez un budget pour les boissons alcoolisées. Vous devrez également prévoir des boissons non alcoolisées, comme de l'eau, des jus et des sodas. Pour un cocktail au Champagne* ou au Vin pétillant* : 2 coupes par personne, soit environ 1 bouteille de 75 cl pour 3 à 4 personnes. Pour les cocktails (whisky coca, vodka orange*…) : 1 bouteille de 75 cl + 2 bouteilles de boisson non alcoolisée permettent de réaliser environ 15 verres (4 à 5 cl de boisson alcoolisée pour 15 cl de boisson non alcoolisée). Pour les boissons non alcoolisées : ¼ à ½ bouteille (jus de fruit, sodas, eaux plates et pétillantes) par personne ne buvant pas d'alcool. S'il risque de faire chaud, prévoyez large.

Fournitures et équipement :

N'oubliez pas les coûts liés aux fournitures de cuisine, comme les plateaux, les nappes, la vaisselle, les couverts, et les verres. Si vous devez louer de l'équipement, comme des réchauds ou des réfrigérateurs supplémentaires, incluez ces coûts.

Personnel :

Si vous avez besoin d'aide pour la préparation ou le service, comme un chef ou des serveurs, prévoyez un budget pour leur rémunération.

Décoration :

Si vous avez un budget pour la décoration de votre buffet dînatoire, tenez compte de cette dépense.

Coûts imprévus :

Prévoyez une petite marge pour les dépenses imprévues. Il peut toujours y avoir des ajustements de dernière minute.

Utilisez des Feuilles de Calcul

Pour vous aider à établir un budget précis, utilisez des feuilles de calcul ou des applications de gestion budgétaire. Vous pouvez en trouver à télécharger sur internet. Créez une liste détaillée de toutes les dépenses potentielles et attribuez à chaque poste un montant estimé. Cela vous permettra de voir clairement où va votre argent et d'ajuster les dépenses si nécessaire.

Maximiser la Valeur de Votre Budget

Maintenant que vous avez établi un budget, il est temps de maximiser la valeur de chaque euro dépensé. Voici quelques conseils pour tirer le meilleur parti de votre budget alimentaire :

Planifiez un Menu Équilibré

Revenez sur votre menu et assurez-vous qu'il est équilibré en termes de coûts. Vous pouvez réduire les dépenses en choisissant des plats principaux économiques, comme des plats végétariens, en utilisant des produits de saison et en achetant en gros pour obtenir des réductions.

Achetez en Vrac

L'achat en vrac peut vous faire économiser de l'argent, en particulier sur les produits de base comme la farine, le riz, les pâtes et les conserves. Cherchez des offres spéciales dans les magasins de gros et utilisez des coupons, si possible.

Faites des Comparaisons de Prix

N'hésitez pas à comparer les prix dans différents magasins ou en ligne pour obtenir les meilleurs tarifs. Soyez attentif aux ventes et aux promotions, surtout si vous achetez des articles coûteux.

Utilisez des Ingrédients Polyvalents

Choisissez des ingrédients polyvalents qui peuvent être utilisés dans plusieurs plats. Par exemple, une grande quantité de riz peut servir de base pour différents accompagnements, ce qui réduit les coûts.

Évitez le Gaspillage

Le gaspillage alimentaire est coûteux et dommageable pour l'environnement. Planifiez soigneusement les quantités pour éviter de servir trop de nourriture à moins de n'avoir prévu un brunch le lendemain en mode « tout doit disparaître ». Vous pouvez également envisager de proposer des contenants pour que les invités emportent les restes.

Gérer les Coûts Imprévus

Même avec une planification minutieuse, il peut y avoir des coûts imprévus. Prévoyez une petite marge dans votre budget pour faire face à ces dépenses inattendues, comme des ingrédients manquants ou des réparations d'équipement de cuisine.

Chapitre 5 :

Planification Logistique

Maintenant que nous avons établi un budget réaliste, il est temps de plonger dans la planification logistique de votre buffet dînatoire. Cette étape est cruciale pour s'assurer que tout se déroule en douceur le jour de l'événement. Je vais vous guider à travers les étapes nécessaires pour préparer et organiser votre buffet dînatoire de manière efficace.

La Préparation Anticipée

La préparation anticipée est la clé du succès d'un buffet dînatoire zen. Plus vous pouvez faire à l'avance, moins de stress vous aurez le jour J. Voici quelques tâches importantes à accomplir avant le grand jour :

Préparez les Plats à l'Avance

La plupart des plats peuvent être préparés à l'avance et réfrigérés ou congelés. Cela inclut les plats principaux, les accompagnements, les salades, les hors-d'œuvre et même certains desserts. Assurez- vous de les stocker correctement pour qu'ils restent frais. Plusieurs méthodes de conservation peuvent convenir : la congélation, la stérilisation, la mise sous vide, la réfrigération… Choisissez celles qui vous conviennent le mieux en fonction du temps et des moyens que vous avez (cf. « les techniques » pour plus de détails).

Créez un Calendrier de Préparation

Élaborez un calendrier détaillé indiquant quand chaque plat doit être préparé. Répartissez les tâches sur plusieurs jours pour éviter d'être submergé. Veillez à tenir compte des temps de décongélation si vous utilisez des plats surgelés.

Préparez les Garnitures et les Sauces

Préparez également toutes les garnitures, sauces et condiments dont vous aurez besoin. Mettez-les en récipients étiquetés pour un accès facile le jour de l'événement.

Prévoyez la Vaisselle et l'Équipement

Assurez-vous d'avoir suffisamment de vaisselle, de couverts, de verres et d'équipement de cuisine pour le service. Si vous avez besoin de louer des articles supplémentaires, organisez cela à l'avance.

Faites un Plan de Disposition

Planifiez comment vous disposerez les plats sur la table du buffet. Tenez compte de l'ordre dans lequel les plats seront servis, en plaçant les plats principaux et les accompagnements à des endroits stratégiques.

Les différentes techniques

La préparation anticipée est la clé d'un buffet dînatoire réussi. Pour réduire le stress de dernière minute, il est essentiel de maîtriser différentes techniques de préparation à l'avance. Parmi les méthodes les plus utiles, on trouve la congélation, la stérilisation, la mise sous vide, et la préparation de sauces et trempettes à l'avance.

La congélation permet de préparer des plats principaux, des accompagnements, voire des desserts plusieurs semaines avant l'événement. La stérilisation est idéale pour les confitures, les chutneys, et les pickles. La mise sous vide permet de conserver la fraîcheur des aliments, tandis que la préparation de sauces et trempettes à l'avance permet de gagner du temps lors du dressage de la table.

En utilisant ces techniques de manière stratégique, vous serez en mesure de préparer un buffet dînatoire exceptionnel sans la pression de devoir tout préparer à la dernière minute.

La congélation

La congélation des aliments est une méthode efficace pour conserver la nourriture en ralentissant la dégradation et le développement des micro-organismes. Voici quelques principes, règles et précautions à suivre pour utiliser cette méthode au mieux :

Préparation et nettoyage :

Assurez-vous que les aliments sont propres et frais avant de les congeler. Les aliments variés ou de mauvaise qualité se détérioreront plus rapidement, même congelés.

Refroidissement préalable :

Refroidissez les aliments cuits à température ambiante avant de les congeler. Mettre des aliments chauds dans un congélateur peut augmenter la température des aliments déjà congelés, ce qui peut entraîner une décongélation partielle et une détérioration.

Emballage approprié :

Utilisez des contenants hermétiques ou des sacs de congélation pour protéger les aliments de l'air et de l'humidité. Cela aide à prévenir les brûlures de congélation et à conserver la qualité des aliments.

Étiquetage :

Étiquetez les aliments avec la date de congélation et le type d'aliment. Cela vous aidera à gérer l'inventaire et à utiliser les aliments plus anciens en premier.

Taille des portions :

Congelez les aliments en portions que vous utiliserez pour éviter de décongeler et de recongeler les aliments, ce qui peut altérer leur qualité et leur sécurité.

Température du congélateur :

Maintenez votre congélateur à une température constante de - 18°C ou moins pour une conservation optimale.

Durée de conservation :

Tenez compte de la durée de conservation recommandée pour différents types d'aliments. Les viandes, les légumes, les fruits et les plats cuisinés ont des durées de conservation différentes.

Décongélation sécuritaire :

Décongelez les aliments dans le réfrigérateur, sous l'eau froide ou dans un micro-ondes. Évitez de décongeler les aliments à température ambiante, car cela peut favoriser la croissance bactérienne.

Ne recongelez pas :

Évitez de recongeler les aliments qui ont été décongelés, car cela peut augmenter le risque de développement de bactéries et diminuer la qualité des aliments.

Précautions spécifiques :

Certains aliments, comme les produits laitiers ou les plats à haute teneur en eau, peuvent changer de texture après la congélation. Il est bon de rechercher sur la meilleure façon de congeler ces types d'aliments.

En suivant ces principes, vous pouvez maximiser la durée de conservation de vos aliments tout en préservant leur qualité et leur sécurité.

La stérilisation

La stérilisation des aliments est un processus visant à éliminer ou à tuer tous les micro-organismes, y compris les bactéries, les virus, les spores et les champignons, présents dans les aliments. Elle est souvent utilisée pour la conservation à long terme, en particulier dans le cas des conserves. Voici comment optimiser cette méthode pour la préparation de votre buffet dinatoire :

Nettoyage et préparation des aliments :

Assurez-vous que les aliments sont propres et frais. Les fruitset légumes doivent être lavés, et les viandes ou poissons doivent être frais et de bonne qualité.

Nettoyage des contenants :

Utilisez des bocaux en verre ou d'autres contenants résistants à la chaleur et assurez-vous qu'ils soient parfaitement propres et stérilisés avant de les remplir.

Chauffage approprié :

La stérilisation implique généralement de chauffer les aliments à une température élevée. Le traitement thermique doit être suffisamment long et à la bonne température pour tuer tous les micro-organismes. La méthode la plus courante est l'utilisation d'un autoclave ou d'un bain-marie.

Utilisation d'agents conservateurs :

Dans certains cas, des agents conservateurs comme le vinaigre, le sucre ou le sel sont ajoutés pour aider à la conservation.

Fermeture hermétique :

Après la stérilisation, il est crucial de fermer les contenants de manière hermétique pour empêcher la contamination par de nouveaux micro-organismes.

Refroidissement :

Laissez refroidir les contenants après la stérilisation avant de les stocker pour éviter les chocs thermiques qui peuvent endommager le verre.

Stockage :

Stockez les aliments stérilisés dans un endroit frais, sec et sombre pour prolonger leur durée de conservation.

Durée de conservation :

Même stérilisés, les aliments ont une durée de conservation limitée. Vérifiez régulièrement l'état des conserves pour détecter tout signe de détérioration.

Sécurité :

Faites attention à la pression et à la température lors de l'utilisation d'un autoclave ou d'un bain-marie pour éviter les brûlures et les accidents.

Contrôles de qualité :

Après la stérilisation, vérifiez que les couvercles sont bien scellés et que les aliments ne présentent aucun signe de détérioration (changements de couleur, de texture, présence de moisissures, etc.) avant de les consommer.

La stérilisation est un excellent moyen de conservation des aliments sur de longues périodes, mais elle doit être réalisée avec soin pour garantir la sécurité et la qualité des produits.

La mise sous vide

La mise sous vide des aliments est une technique de conservation qui consiste à retirer l'air d'un emballage avant de le sceller hermétiquement. Cette méthode réduit l'oxygénation, ralentit la prolifération des bactéries et prolonge ainsi la durée de conservation des aliments. Vous pouvez aussi vous en servir pour vos préparations à l'avance, mais en suivant ces règles de précaution :

Propreté et fraîcheur des aliments :

Assurez-vous que les aliments à mettre sous vide sont propres et frais. La mise sous vide ne va pas améliorer la qualité des produits déjà variés ou de mauvaise qualité.

Hygiène et sécurité :

Lavez-vous les mains et utilisez des ustensiles propres pour éviter de contaminer les aliments lors de la mise sous vide.

Choix des sacs et contenants :

Utilisez des sacs ou des contenants spécialement conçus pour la mise sous vide. Ils doivent être résistants, aptes au contact alimentaire et adaptés à votre machine à emballer sous vide.

Séchage des aliments :

Les aliments très humides doivent être séchés en surface pour éviter que l'humidité n'interfère avec le scellement du sac.

Température adéquate :

Les aliments doivent être à une température appropriée avant d'être mis sous vide. Les aliments chauds ne doivent pas être emballés immédiatement car la vapeur peut empêcher une fermeture hermétique.

Attention aux aliments tranchants :

Les aliments avec des arêtes vives ou durs (comme des os ou des coquilles) doivent être emballés avec soin pour ne pas percer le sac.

Marinades et assaisonnements :

Soyez prudent avec les marinades et les assaisonnements. Des saveurs fortes peuvent devenir plus intenses sous vide.

Stockage approprié :

Après avoir mis les aliments sous vide, stockez-les dans un endroit frais et sec, ou au réfrigérateur ou congélateur selon le type d'aliment.

Durée de conservation :

La mise sous vide prolonge la durée de conservation, mais elle n'est pas illimitée. Soyez conscient des durées de conservation recommandées pour chaque type d'aliment.

Décongélation et réchauffage :

Si vous congelez des aliments sous vide, décongelez-les dans le réfrigérateur pour maintenir une température constante. Certains sacs sous vide peuvent être utilisés pour réchauffer les aliments au bain-marie ou aux micro-ondes, mais vérifiez d'abord si votre sac est adapté à cet usage.

En respectant ces principes et précautions, la mise sous vide peut être une méthode efficace pour prolonger la fraîcheur et la durée de conservation de divers aliments, tout en préservant leurs nutriments et leurs saveurs.

La réfrigération

La conservation des plats préparés à l'avance dans un réfrigérateur nécessite des pratiques spécifiques pour garantir la sécurité et la qualité des aliments. Comme il s'agit de la méthode la moins durable même si elle est la plus pratique, voici quelques conseils pour ne pas faire d'impers :

Refroidissement rapide :

Après la cuisson, laissez refroidir les plats à température ambiante pendant une courte période (pas plus de 2 heures) avant de les placer au réfrigérateur. Cela prévient la croissance bactérienne.

Contenants appropriés :

Utilisez des contenants hermétiques pour éviter la contamination croisée et le dessèchement des aliments. Assurez-vous que les contenants sont propres et adaptés à un usage alimentaire.

Répartition des aliments :

Répartissez les plats en petites portions pour faciliter un refroidissement uniforme. Les grands contenants de nourriture mettent plus de temps à refroidir, ce qui peut favoriser la croissance bactérienne.

Température du réfrigérateur :

Maintenez la température de votre réfrigérateur à 4°C ou moins pour ralentir la prolifération bactérienne.

Durée de conservation :

Soyez conscient de la durée pendant laquelle les différents types de plats peuvent être conservés en toute sécurité. En règle générale, la plupart des plats préparés se conservent bien pendant 3 à 4 jours.

Étiquetage :

Marquez les contenants avec la date de préparation pour suivre leur durée de conservation et utiliser les aliments plus anciens en premier.

Hygiène :

Gardez le réfrigérateur propre et rangez les aliments de manière à éviter les déversements et la contamination.

Réchauffage :

Lorsque vous réchauffez des plats préparés, assurez-vous qu'ils atteignent une température interne suffisante (au moins 75°C) pour tuer les bactéries potentiellement dangereuses.

Prévention de la contamination croisée :

Rangez les aliments crus et cuits séparément pour éviter la contamination croisée.

En suivant ces principes, vous pouvez conserver de manière sûre et efficace les plats préparés dans votre réfrigérateur, ce qui vous aide à planifier vos repas tout en maintenant une bonne hygiène alimentaire.

Autres techniques

Il existe plusieurs autres méthodes de conservation pour du batch cooking de toute sorte, en plus de la réfrigération, la congélation, la mise sous vide et la stérilisation. Voici quelques alternatives :

Conserve ou Appertisation :

Cette méthode consiste à mettre les aliments dans des bocaux hermétiques et à les chauffer à haute température pour détruire les micro-organismes. Cela convient particulièrement aux soupes, sauces, compotes et légumes.

Déshydratation :

En retirant l'humidité des aliments, la déshydratation empêche la croissance des bactéries et des moisissures. Cette méthode est idéale pour les fruits, les légumes et les herbes.

Sous-vide à basse température :

En cuisinant les aliments sous vide à basse température, vous pouvez les conserver plus longtemps tout en préservant leur texture et leur goût. Cette méthode nécessite un équipement spécifique.

Marinades :

Les marinades acides (à base de vinaigre ou de citron, par exemple) peuvent prolonger la durée de vie de certains aliments, notamment les viandes et les légumes.

Salaison :

Le sel est un conservateur naturel qui peut prolonger la durée de vie de certains aliments, en particulier la viande et le poisson.

Fumage :

Le fumage peut être utilisé pour conserver la viande et le poisson. Il leur donne également une saveur unique.

Conservation dans l'huile :

Submerger certains aliments, comme les fromages, les légumes ou les herbes, dans l'huile, peut aider à les conserver plus longtemps.

Utilisation de conservateurs naturels :

Des substances comme le sucre, le vinaigre, ou certaines épices peuvent agir comme conservateurs naturels.

Il est important de noter que chaque méthode de conservation a ses propres avantages et limites, et peut affecter différemment la qualité et la saveur des aliments. De plus, certaines de ces méthodes nécessitent une pratique et un savoir-faire spécifique pour garantir la sécurité alimentaire. SI vous désirez utiliser ces autres méthodes de conservation, moins usuelles de nos jours, n'hésitez pas, mais renseignez-vous préalablement quant à chacune des méthodes utilisées et faites des tests en amont si c'est votre première fois !

Jour de l'Événement : Organisation et Service

Le jour de l'événement est là, et il est temps de mettre en pratique toute votre planification. Voici comment organiser et servir votre buffet dînatoire de manière efficace :

Arrivez Tôt

Arrivez suffisamment tôt sur le lieu de l'événement pour avoir le temps de tout mettre en place. Si vous avez réservé une salle, assurez-vous que les tables et les chaises sont disposées selon vos besoins.

Dressage de la Table

Commencez par dresser la table du buffet. Placez une nappe propre et élégante, et disposez les plats, les bols, les couverts et les serviettes de manière organisée. N'oubliez pas d'inclure des étiquettes pour chaque plat, en indiquant clairement leur nom et les allergènes éventuels.

Maintenez les Plats au Chaud ou au Froid

Si certains plats doivent être servis chauds, assurez-vous de les maintenir à la bonne température à l'aide de réchauds ou de plats chauffants. Les plats froids doivent être réfrigérés jusqu'au dernier moment pour rester frais. Choisissez des « responsables » pour gérer le réchauffage de ce qui doit passer au four.

Installez les Garnitures et les Sauces

Placez les garnitures, sauces et condiments à proximité des plats correspondants pour que les invités puissent les ajouter à leur convenance.

Préparez-vous pour le Service

Prévoyez une équipe pour gérer le service les plats. Si vous avez engagé des serveurs, assurez-vous qu'ils sont informés du plan de service. Si vous prévoyez un service en self-service, placez des couverts à chaque extrémité de la table pour faciliter l'accès.

La planification logistique est essentielle pour le succès de votre buffet dînatoire. En préparant les plats à l'avance, en créant un calendrier de préparation, en organisant la table du buffet et en coordonnant le service le jour de l'événement, vous pouvez vous assurer que tout se déroule en douceur. La préparation anticipée réduit le stress et vous permet de profiter pleinement de votre propre événement.

Chapitre 6 :

Organisation de l'Espace et de la Décoration

Organiser l'espace et créer une atmosphère zen sont des éléments essentiels pour faire de votre buffet dînatoire un succès. Dans ce chapitre, nous allons explorer comment disposer la table du buffet de manière attrayante, partager des idées de décoration pour créer une ambiance zen, et maximiser l'espace pour assurer une circulation fluide des invités.

Comment Disposer la Table du Buffet de Manière Attrayante

La disposition de la table du buffet est cruciale pour créer une présentation attrayante. Voici quelques astuces pour vous aider à bien faire les choses :

La disposition en ligne :

Placez les plats et les accompagnements de manière linéaire, en commençant par les entrées d'un côté, suivies des plats principaux, des accompagnements, des sauces, et enfin des desserts de l'autre côté. Cela permettra à vos invités de suivre naturellement le flux du buffet.

Les étiquettes claires :

Utilisez des étiquettes pour indiquer le nom de chaque plat, ainsi que les ingrédients clés, en particulier si des invités ont des allergies alimentaires. Utilisez une écriture élégante pour les étiquettes.

La hauteur des plats :

Variez la hauteur des plats en utilisant des supports tels que des plateaux à étages, des boîtes recouvertes de tissu ou des caisses en bois. Cela crée une dimension visuelle et rend les plats plus accessibles.

Idées de Décoration pour une Ambiance Zen

Créer une ambiance zen pour votre buffet dînatoire contribue à une expérience apaisante pour vos invités. Voici quelques idées de décoration :

Les couleurs apaisantes :

Choisissez une palette de couleurs apaisantes, comme le vert, le bleu clair, le beige, ou le blanc. Ces couleurs évoquent la sérénité.

Les nappes en tissu :

Utilisez des nappes en tissu de qualité pour habiller votre table. Optez pour des tissus doux et légers qui évoquent la tranquillité.

Les éléments naturels :

Intégrez des éléments naturels tels que des branches d'eucalyptus, des pierres lisses, ou des bougies flottantes dans de l'eau. Ces éléments créent une connexion avec la nature.

L'éclairage doux :

Optez pour un éclairage doux, tel que des guirlandes lumineuses ou des bougies, pour créer une atmosphère chaleureuse et relaxante.

Les centres de table :

Utilisez des centres de table simples, comme des bouquets de fleurs fraîches dans des vases en verre transparent, pour ajouter une touche de fraîcheur à la table.

Maximiser l'Espace pour une Circulation Fluide des Invités

Assurer une circulation fluide des invités est essentiel pour éviter les embouteillages à votre buffet.

Voici comment maximiser l'espace :

La disposition des couverts et serviettes :

Placez les couverts et les serviettes à l'extrémité de la table pour que les invités les prennent après avoir rempli leur assiette.

Les espaces de transition :

Créez des espaces de transition entre les plats où les invités peuvent déposer leur assiette pour se servir sans encombrer la table.

La signalisation :

Si l'espace est limité, utilisez des flèches discrètes pour indiquer le flux de circulation autour de la table. Si au contraire la propriété est assez grande pour s'y perdre, indiquer chaque espace avec des panneaux joliment décorés.

En combinant une disposition de table attrayante, une décoration zen et une gestion astucieuse de l'espace, vous créerez un environnement propice à la détente et à la dégustation, permettant à vos invités de se concentrer sur les saveurs et la convivialité de votre buffet dînatoire. Vous pourrez trouver une multitude d'idées sur Pinterest, mais aussi dans les magazines spécialisés mariage et autres sites internet.

Partie 2 :
LA REUSSITE DU JOUR J

La première partie de ce livre vous a guidé à travers les étapes essentielles de la planification et de la préparation d'un buffet dînatoire à l'avance. Vous avez appris à concevoir un menu équilibré, à gérer votre budget, à planifier la logistique et à présenter élégamment votre buffet. Maintenant, dans cette deuxième partie, nous nous concentrerons sur la réussite du jour de l'événement lui-même. Vous découvrirez comment coordonner le service, gérer les imprévus, et créer une atmosphère détendue pour vous-même et vos invités.

Chapitre 7 :

Coordination du Service

Le jour de l'événement est enfin arrivé, et il est temps de coordonner le service de votre buffet dînatoire. Une bonne coordination garantira que vos invités profitent d'une expérience fluide et agréable. Dans ce chapitre, nous aborderons les étapes essentielles pour organiser le service, de l'accueil des invités au rangement final.

Accueil des Invités

Arrivez en Avance :

Assurez-vous d'être sur le lieu de l'événement en avance. Cela vous donne le temps de finaliser la mise en place du buffet et de régler les derniers détails.

Accueil Chaleureux :

Soyez prêt à accueillir vos invités avec un sourire et une attitude positive. Nommez un ou plusieurs membres de votre équipe pour avoir la charge de l'accueil.

Instructions Claires :

Placez des panneaux ou des hôtes à l'entrée pour expliquer le fonctionnement du buffet. Si certaines personnes ont des restrictions alimentaires ou des allergies, assurez-vous de fournir des informations à ce sujet.

Déroulement du Service

Service en Self-Service :

Si votre buffet est en self-service, assurez-vous que tout est bien organisé. Placez les couverts et les serviettes à l'entrée du buffet pour que les invités puissent les prendre facilement.

Service par Serveurs :

Si vous avez des serveurs, assurez-vous qu'ils sont bien informés sur les plats et les boissons servis. Ils devraient être prêts à répondre aux questions des invités.

Surveillance du Buffet :

Pendant l'événement, assurez-vous que le buffet reste bien approvisionné. Remplacez les plats vides par des plats frais au besoin. Gardez un œil sur les niveaux de boissons et assurez-vous qu'il y a suffisamment de glace pour les boissons réfrigérées.

Gestion des Files d'Attente :

Si le nombre d'invités est important, il peut y avoir des files d'attente au buffet. Nommez un ou plusieurs membres de votre équipe pour organiser la circulation et éviter les embouteillages.

Répondre aux Besoins Spécifiques

Invités avec Allergies ou Restrictions Alimentaires :

Assurez-vous que les plats destinés aux invités avec des allergies ou des restrictions alimentaires sont clairement étiquetés. Si possible, proposez des options alternatives pour ces invités.

Réchauffage des Plats :

Si certains plats doivent être servis chauds, assurez-vous d'avoir un plan pour les réchauffer au besoin. Des réchauds ou des fours à basse température peuvent être utiles.

Fin du Service et Rangement

Ravitaillement de Dernière Minute :

Juste avant la fin de l'événement, ravitaillez le buffet pour que les derniers arrivants puissent profiter des mêmes options que les premiers.

Conservez les Restes :

Si vous avez des restes, assurez-vous de les conserver correctement pour éviter le gaspillage. Vous pouvez également prévoir des contenants pour que les invités puissent emporter ce qui reste.

Rangement :

Une fois l'événement terminé, commencez le rangement. Enlevez les plats vides, démontez la table du buffet et nettoyez soigneusement la zone.

La coordination du service est essentielle pour assurer le succès de votre buffet dînatoire. En accueillant chaleureusement les invités, en organisant efficacement le service, en répondant aux besoins spécifiques et en gérant la fin du service, vous créerez une expérience agréable et fluide pour tous. La coordination du service est une compétence essentielle pour tout organisateur d'événements, alors assurez-vous d'être bien préparé.

Chapitre 8 :

L'art de la présentation

La présentation d'un buffet dînatoire ne se limite pas seulement à la dégustation des plats, elle crée également une ambiance et une expérience mémorable pour vos invités. Dans ce chapitre, nous explorerons des astuces et des idées pour une présentation élégante de votre buffet, du choix de la vaisselle à la décoration de la table.

La présentation élégante de votre buffet dînatoire est essentielle pour créer une expérience mémorable pour vos invités. Choisissez une vaisselle appropriée, décorez la table avec soin, et n'oubliez pas l'éclairage pour mettre en valeur vos plats et créer une ambiance accueillante. Avec une présentation bien pensée, votre buffet dînatoire sera non seulement délicieux, mais aussi visuellement impressionnant.

Le Choix de la Vaisselle

Le choix de la vaisselle est un élément essentiel de la présentation d'un buffet dînatoire. Optez pour une vaisselle qui correspond au style de votre événement. Voici quelques options populaires :

Vaisselle en Porcelaine ou en Céramique

La vaisselle en porcelaine ou en céramique ajoute une touche d'élégance à votre buffet. Elle est idéale pour les événements formels tels que les mariages ou les dîners de gala. Assurez-vous d'avoir suffisamment de plats et de bols assortis pour chaque plat. Vous pouvez aussi opter pour des tables totalement dépareillées en mode vintage, ou louer de la vaisselle, cela se fait de plus en plus.

Vaisselle en Verre

La vaisselle en verre transparente est parfaite pour mettre en valeur les plats colorés et apporte une touche moderne et élégante à votre table. Si dans vos invités vous avez des personnes de confession juive, cela sera aussi une délicate attention pour eux de mettre à disposition de la vaisselle en verre…

Couverts

La vaisselle en acier inoxydable est durable et résistante aux rayures, ce qui en fait un choix approprié pour les événements en plein air ou décontractés. Elle peut être polie pour briller ou laissée avec une finition mate. Vous pouvez en trouver à moindre coût par exemple chez Ikéa, ou la louer. Vous pouvez aussi emprunter les vieux services de toute la famille. Pourquoi pas, même, l'argenterie pour ceux qui en possèdent ? C'est ce que j'ai fait pour notre mariage et ça a rendu un effet « bœuf » !

Vaisselle Jetable de Qualité

Si vous préférez la praticité, il existe aujourd'hui des options de vaisselle jetable de haute qualité qui ressemblent à s'y méprendre à de la vaisselle réelle. Ces alternatives jetables sont idéales pour les événements informels où vous ne voulez pas vous soucier du nettoyage après la fête.

La Décoration de la Table du buffet

La décoration de la table est un autre aspect important de la présentation. Elle peut refléter le thème de votre événement et créer une atmosphère accueillante pour vos invités. Voici quelques idées pour décorer votre table de buffet dînatoire :

Centre de Table Élégant

Placez un centre de table élégant au milieu de la table du buffet.

Cela peut être un arrangement de fleurs fraîches, des bougies décoratives, ou même des sculptures artistiques. Le tout est de correspondre au thème choisi pour créer une harmonie dans votre décoration. Pensez à ce qu'il ne soit ni trop haut, ni trop imposant, afin que vos invités puissent se voir et se parler aisément.

Chemin de Table et nappe

A vous de voir si vous voulez habiller votre table d'une nappe, d'une nappe et d'un chemin de table ou simplement d'un chemin de table, quel qu'il soit. Le chemin de table ajoute généralement de la couleur et de la texture à la table. Choisissez un tissu qui complète votre thème ou votre palette de couleurs. Vous pouvez aussi remplacer les tissus par de la mousse, des feuilles, du sable… le tout étant de penser à ne pas gêner les convives (s'il y a du vent, le sable est à éviter par exemple ; si vous utilisez de la mousse, vérifiez qu'aucune bestiole ne ressorte pour voyager sur la table…).

Étiquettes de Plat

Pour que vos invités sachent ce qu'ils dégustent, utilisez des étiquettes de plat. Vous pouvez les fabriquer vous-même ou les acheter prêtes à l'emploi. Assurez-vous d'inclure le nom du plat et, le cas échéant, les informations sur les allergènes.

Éléments de Saison

Intégrez des éléments de saison à votre décoration, tels que des feuilles d'automne, des coquillages d'été, ou des décorations de Noël. Cela ajoutera une touche saisonnière à votre buffet.

Hauteur et Profondeur

Créez de la profondeur visuelle en utilisant des supports de différentes hauteurs pour les plats. Vous pouvez utiliser des plateaux surélevés, des boîtes en bois, des caisses enregistreuses ou même des livres recouverts de tissu pour élever certains plats.

La Présentation des Plats

La manière dont vous disposez les plats sur la table joue un rôle essentiel dans leur attrait visuel. Voici quelques idées pour présenter vos plats de manière élégante :

La symétrie :

Organisez les plats de manière symétrique pour une présentation équilibrée. Les plats les plus hauts devraient être au centre de la table.

La variété des couleurs :

Jouez avec les couleurs des plats pour créer un effet visuel attrayant. Alternez les plats colorés avec ceux de couleurs neutres.

L'utilisation de plats de service appropriés :

Utilisez des plats de service adaptés à chaque plat. Des bols, de jolis plateaux, des coupelles pour les sauces et les condiments, des présentoirs à étages... Pensez à mettre du volume sur vos buffets, cela les rendra plus attrayants et vivants.

La propreté :

Veillez à ce que les plats et les couverts soient propres et étincelants. Un buffet bien entretenu est plus appétissant.

L'Éclairage ambiant

L'éclairage joue également un rôle important dans la présentation d'un buffet dînatoire élégant. Voici quelques idées d'éclairage pour mettre en valeur votre table et créer une atmosphère chaleureuse :

Bougies

Les bougies ajoutent une lueur chaleureuse à votre buffet. Utilisez des bougeoirs élégants ou une multitude de bougies chauffe-plat pour un effet subtil. Il existe de magnifiques imitations de bougies à led, télécommandable ou non, qui changent de couleurs ou non, et de toutes les tailles. N'hésitez pas, vous pouvez en trouver sur des sites discount type AliExpress, Wish ou autres, mais aussi sur Cdiscount ou Amazon vraiment pas chers… et vous ne prendrez pas le risque de provoquer un incendie !

Éclairage Tamisé

Si votre événement a lieu le soir, optez pour un éclairage tamisé qui crée une ambiance intime. Des guirlandes lumineuses, des lanternes suspendues ou des lampes à poser peuvent être utilisées pour éclairer la table et la terrasse ou le jardin et donner une touche de magie.

Éclairage LED

Les éclairages LED peuvent être utilisés pour mettre en valeur des éléments spécifiques de votre buffet, tels que les plats principaux ou les desserts. Vous pouvez choisir parmi une variété de couleurs pour correspondre à votre thème.

Projecteurs

Pourquoi pas utiliser des petits projecteurs pour mettre en lumière certains plats ou éléments de décoration spécifiques ? Si vous avez la possibilité d'en installer, il en existe se posant, à pince, magnétique, à ventouse… faites attention au type de supports et fixations possibles.

Les Petits Détails

Ce sont les petits détails qui font la différence. Voici quelques astuces pour ajouter une touche finale à votre présentation :

Serviettes et couverts :

Si vous n'avez pas dressé les tables, disposez des serviettes et des couverts à proximité pour que vos invités puissent les attraper facilement.

Musique d'ambiance :

Pensez à choisir une playlist musicale appropriée pour créer une atmosphère agréable et détendue, si vous n'avez pas opté pour un groupe ou un DJ.

Personnel de service :

Si vous avez la possibilité, engagez du personnel de service pour aider à recharger les plats vides, à maintenir la propreté de la table, à réchauffer les plats qui doivent l'être au fur et à mesure. A cette fin, si une école d'hôtellerie-restauration existe près de chez-vous, sachez qu'il est possible de faire appel aux étudiants pour cela (contacter l'école qui vous donnera les règles et conditions).

La décoration du lieu :

Vous avez prévu la décoration de vos tables, c'est très bien.

N'oubliez pas d'ajouter un peu de décoration aussi à votre environnement en plus des guirlandes et lumières de toutes sortes. Les basiques ballons et décorations florales fonctionnent toujours mais vous pouvez, si cela vous correspond, amener votre touche personnelle : vous êtes écrivain ou journaliste ? Pourquoi ne pas remplacer votre livre d'or par une machine à écrire dont les convives pourraient se servir pour vous laisser un message ? Vous êtes viticulteur ? Quelques tonneaux pour servir de tabourets, de présentoirs à bouquet ou de mange-debout selon la taille et quelques décorations faites avec des bouchons en liège vous représenterait bien.

Une présentation élégante de votre événement fera une grande impression sur vos invités et ajoutera une touche de sophistication. Prenez le temps de soigner les détails et assurez-vous que tout est bien organisé avant l'arrivée de vos convives.

Chapitre 9 :

Création d'une Atmosphère Détendue

Lorsque vous organisez un buffet dînatoire, il est important de créer une atmosphère détendue pour vous-même en tant qu'organisateur et pour vos invités. Une ambiance détendue contribue à une expérience agréable et mémorable. Dans ce chapitre, nous explorerons des stratégies pour vous permettre de profiter de votre propre événement tout en garantissant que vos invités se sentent les bienvenus et à l'aise.

Restez Calme et Confiant

En tant qu'organisateur, votre attitude est contagieuse. Si vous êtes calme et confiant, vos invités seront également plus à l'aise. Voici quelques conseils pour rester zen :

Anticiper les Problèmes :

Vous avez déjà appris à gérer les imprévus dans le chapitre précédent. En ayant un plan de secours en place, vous vous sentirez plus confiant pour faire face aux défis.

Un Soupçon de Légèreté :

Ne prenez pas tout trop au sérieux. Gardez un sens de l'humour et souriez. Si quelque chose ne se passe pas comme prévu, n'en faites pas un drame.

Déléguez :

Si vous avez une équipe, déléguez certaines tâches pour réduire votre charge de travail. Ayez confiance en votre équipe pour gérer des aspects spécifiques de l'événement.

Interagissez avec Vos Invités

Ne restez pas enfermé dans la cuisine ou derrière le buffet toute la soirée. Prenez le temps de parler avec vos invités. Voici comment créer une interaction positive :

Salutations Chaleureuses :

Accueillez chaque invité avec un sourire chaleureux. Posez des questions sur leur journée ou engagez la conversation sur des sujets légers.

Partagez Votre Passion :

Si vous êtes passionné par la cuisine, partagez quelques anecdotes sur la préparation des plats. Les invités apprécieront de connaître l'histoire derrière les mets qu'ils dégustent.

Soyez Attentionné :

Si vous remarquez que quelqu'un a besoin de quelque chose, soyez attentif. Offrez de remplir leur verre ou de leur apporter une assiette supplémentaire.

Créez une Ambiance Agréable

L'ambiance de votre événement est essentielle pour créer une atmosphère détendue. Voici comment y parvenir :

Musique Appropriée :

Choisissez une playlist de musique adaptée à l'ambiance que vous souhaitez créer. Une musique douce en arrière-plan peut contribuer à détendre l'atmosphère.

Éclairage Tamisé :

Si votre événement a lieu le soir, optez pour un éclairage tamisé.

Des bougies, des guirlandes lumineuses ou des lampes à poser peuvent créer une ambiance intime.

Zones de Conversation :

Disposez si possible des petits salons confortables où les invités peuvent se retrouver pour discuter en petits groupes. Il peut s'agir des quelques tabourets autour d'un braséro, de poufs et coussins sur des tapis dans le pré ou même de quelques chaises et un joli banc dans un coin de la pièce ou au fond du jardin.

Évitez la Profusion :

Ne surchargez pas la table du buffet, ni la décoration autour.

Laissez de l'espace pour que les invités puissent se déplacer facilement et discuter sans se sentir à l'étroit.

La création d'une atmosphère détendue est essentielle pour le succès de votre buffet dînatoire. Restez calme et confiant, interagissez avec vos invités, créez une ambiance agréable et prenez le temps de profiter de l'événement que vous avez organisé avec tant de soin. Une ambiance détendue garantira que votre buffet dînatoire reste un souvenir inoubliable pour vous et vos invités.

Chapitre 10 :

Gestion des Imprévus

Lorsque vous organisez un buffet dînatoire, il est inévitable que des imprévus surviennent. Que ce soit une rupture d'équipement, des invités en retard, ou des problèmes de service, il est essentiel de savoir comment gérer ces situations de manière calme et efficace.

Dans ce chapitre, nous examinerons les problèmes potentiels qui pourraient se produire et comment les résoudre rapidement pour que votre buffet dînatoire continue de briller.

Rupture d'Équipement

Imaginez que l'un de vos réchauds décide de rendre l'âme au milieu de votre buffet dînatoire. Ne paniquez pas ! Voici comment gérer cette situation :

Solution de Secours :

Ayez toujours une solution de secours à portée de main. Si un réchaud tombe en panne, utilisez un autre si vous en avez un de rechange. Sinon, utilisez un four à basse température pour maintenir les plats chauds.

Communiquez :

Si le problème est majeur et que vous ne pouvez pas le résoudre immédiatement, informez vos invités de la situation. Ils comprendront que des imprévus peuvent survenir.

Récupération :

Faites preuve de créativité pour maintenir la qualité des plats malgré le problème. Par exemple, si le réchaud ne fonctionne plus, servez des plats qui peuvent être consommés à température ambiante.

Invités en Retard

Il est courant que certains invités arrivent (toujours) en retard à un événement. Voici comment gérer cette situation de manière courtoise :

Prévoyez une Marge :

Lorsque vous planifiez l'heure de début de votre buffet, prévoyez une marge pour tenir compte des invités en retard. Annoncez l'heure de début légèrement plus tôt que prévu.

Offrez une Option de Rafraîchissement :

Si les invités en retard arrivent alors que certains plats ont été retirés du buffet, offrez-leur une option de rafraîchissement, comme des boissons ou des hors-d'œuvre légers.

Problèmes de Service

Des problèmes de service peuvent survenir, tels que des serveurs débordés ou des invités mécontents. Voici comment les gérer :

Communiquez avec l'Équipe :

Si vous remarquez des problèmes de service, communiquez immédiatement avec votre équipe. Ils peuvent avoir besoin d'assistance supplémentaire ou d'instructions claires.

Apaisez les Invités :

Si un invité se plaint d'un problème de service, écoutez attentivement sa préoccupation et essayez de la résoudre rapidement et discrètement. Un geste courtois, comme offrir une boisson gratuite ou une alternative au plat, peut apaiser les esprits.

Changement de Plan de Secours

Parfois, il est nécessaire de mettre en œuvre un plan de secours. Par exemple, si la météo ne permet pas un buffet en plein air comme prévu, vous devrez peut-être déplacer l'événement à l'intérieur.

Assurez-vous d'avoir un plan de secours en place à l'avance pour de telles éventualités.

La gestion des imprévus est une compétence essentielle pour tout organisateur d'événements. En anticipant les problèmes potentiels, en ayant des solutions de secours en place, en communiquant avec votre équipe et en faisant preuve de créativité, vous pouvez résoudre rapidement les problèmes qui se présentent. N'oubliez pas que les imprévus font partie de la vie des organisateurs d'événements, alors restez zen et soyez flexible.

Chapitre 11 :

Gestion des Restes et du Nettoyage

Après avoir savouré un délicieux buffet dînatoire, il est temps de gérer les restes de nourriture et de s'attaquer au nettoyage de l'espace. Dans ce chapitre, nous allons discuter de ce que vous pouvez faire des restes de nourriture, partager des conseils pour un nettoyage efficace de l'espace après l'événement, et explorer des moyens de réduire le gaspillage alimentaire.

Que Faire des Restes de Nourriture

Les restes de nourriture ne doivent pas être gaspillés. Voici quelques idées pour les gérer de manière responsable :

Offrir aux invités :

Si vos invités ont aimé les plats et veulent emporter des restes, encouragez-les à le faire. Préparez des contenants ou des boîtes pour le transport.

Congélation :

Vous pouvez congeler certains plats si vous savez que vous ne pourrez pas les consommer dans les jours qui suivent. Assurez-vous de les emballer correctement pour éviter la formation de givre.

Prenez garde aussi à ce qu'il ne s'agisse pas d'aliments déjà congelés.

Repas du lendemain :

Organisez un brunch avec vos proches ou planifiez des repas avec les restes. Par exemple, les restes de viande peuvent être transformés en sandwiches ou en salades, et les légumes restants peuvent être réutilisés dans des soupes ou des plats sautés.

Don à des œuvres caritatives :

Si vous avez une grande quantité de restes et que vous ne pouvez pas tout consommer, envisagez de les donner à des œuvres caritatives locales ou à des refuges pour sans-abri. C'est toujours mieux que de jeter.

Conseils pour le Nettoyage Efficace de l'Espace Après l'Événement

Le nettoyage de l'espace après l'événement peut sembler décourageant, mais avec une planification préalable, il peut être efficace et relativement sans stress. Voici quelques conseils pour vous aider :

Prévoyez une équipe de nettoyage :

Si possible, engagez ou demandez de l'aide à des amis ou à des membres de la famille pour accélérer le processus de nettoyage.

Divisez les tâches :

Assignez des tâches spécifiques à chaque personne, comme le démontage de la table, le lavage de la vaisselle, la collecte des déchets, etc., si nécessaire.

Utilisez des produits efficaces :

Assurez-vous d'avoir des produits et du matériel de nettoyage de qualité et en quantité pour faciliter le nettoyage des taches tenaces. Un seul balai, ça risque d'être un peu juste par exemple.

Nettoyez rapidement les taches :

Traitez immédiatement les taches ou les déversements pour éviter qu'ils ne deviennent permanents.

Recyclez et compostez :

Disposez des déchets de manière responsable en recyclant les matériaux recyclables et en compostant les déchets alimentaires si possible.

Vérifiez l'équipement :

Assurez-vous que tout l'équipement, comme les plateaux, les réchauds, les cafetières ou machines à glaçons, est propre et prêt à être rangé pour la prochaine utilisation ou rendu à l'entreprise de location.

Réduire le Gaspillage Alimentaire

La réduction du gaspillage alimentaire est un objectif louable à poursuivre, de plus en plus important de nos jours. Voici quelques stratégies pour y parvenir :

Planification des portions :

Essayez de planifier avec précision les quantités de nourriture en fonction du nombre d'invités pour éviter les excès.

Sensibilisation des invités :

Encouragez vos invités à se servir avec modération et à revenir pour des portions supplémentaires si nécessaire.

Donnez la priorité aux restes :

Lors de la planification du menu, choisissez des plats qui se conservent bien pour qu'ils puissent être consommés le lendemain si nécessaire.

Compostez les déchets alimentaires :

Si vous avez des déchets alimentaires, envisagez de les composter plutôt que de les jeter à la poubelle. Vous n'avez pas de jardin ? De plus en plus d'associations, de jardins partagés ou d'entreprises de compostages récupèrent les déchets compostables que vous pouvez leur donner.

Gérer les restes de nourriture et le nettoyage après l'événement de manière responsable contribue à minimiser le gaspillage et à préserver l'environnement. En suivant ces conseils, vous pouvez terminer votre buffet dînatoire en toute tranquillité, sachant que vous avez tiré le meilleur parti de chaque plat et que vous avez laissé un impact minimal sur la planète. De quoi être au top !

Partie 3 :

PROFITER DE L'ÉVÉNEMENT

Félicitations, vous avez franchi les étapes de la planification et de la préparation de votre buffet dînatoire avec succès ! Vos plats sont prêts, vos accompagnements sont délicieux, il est maintenant temps de passer à la phase la plus agréable : profiter de l'événement avec vos invités.

Dans cette partie, nous allons explorer comment présenter votre buffet dînatoire de manière élégante, comment organiser l'espace, et comment interagir avec vos convives pour créer une atmosphère chaleureuse et conviviale. Nous aborderons également la gestion des imprévus et les astuces pour que vous puissiez savourer chaque moment de votre événement.

Alors, asseyez-vous, détendez-vous, et laissez-moi vous guider à travers les étapes pour tirer le meilleur parti de votre buffet dînatoire. C'est le moment de briller en tant qu'hôte exceptionnel et de faire de votre événement un souvenir inoubliable pour vous et tous vos invités.

Chapitre 12 :

Créer des Souvenirs Inoubliables

Un buffet dînatoire réussi peut être l'occasion de créer des souvenirs inoubliables pour vous et vos invités. Dans ce chapitre, nous explorerons comment immortaliser l'événement à travers la photographie, partagerons des idées pour des activités et des jeux qui renforcent les souvenirs, et discuterons de l'importance d'offrir des cadeaux d'appréciation à vos invités.

Immortaliser l'Événement à travers la Photographie

La photographie est un moyen puissant de capturer les moments spéciaux de votre buffet dînatoire. Voici quelques conseils pour immortaliser l'événement :

Engagez un Photographe :

Si vous le pouvez, envisagez d'engager un photographe professionnel pour documenter l'événement. Leurs compétences assureront que chaque instant mémorable soit capturé.

Photo Booth Amusant :

Mettez en place un photo Booth avec des accessoires amusants. Vos invités peuvent prendre des photos souvenirs amusantes tout au long de la soirée.

Photos de Groupe :

N'oubliez pas de prendre des photos de groupe avec vos invités. C'est un excellent moyen de capturer l'énergie et la joie de l'événement.

Instantanés :

Disposez des appareils photo instantanés sur les tables pour que les invités puissent prendre des photos instantanées qu'ils peuvent emporter chez eux.

Idées pour des Activités et des Jeux qui Renforcent les Souvenirs

Pour rendre votre buffet dînatoire encore plus mémorable, envisagez d'incorporer des activités et des jeux. Voici quelques idées :

Livres d'Or :

Mettez à disposition un "livre d'or" où les invités peuvent laisser des messages et des vœux spéciaux.

Quiz :

Organisez un petit quiz amusant sur le thème de l'événement avec des questions liées à l'histoire de votre famille ou à vos amis proches.

Diaporama de Photos :

Présentez un diaporama de photos de moments précieux de votre vie pour susciter des conversations nostalgiques.

Jeux de Société :

Disposez des jeux de société pour que les invités puissent se divertir pendant la soirée.

Les Cadeaux de Remerciement à Vos Invités

Pour montrer votre gratitude envers vos invités, envisagez d'offrir des cadeaux d'appréciation. Voici quelques idées :

Favoris :

Créez de petits cadeaux personnalisés, tels que des biscuits maison emballés joliment ou des sachets de graines de fleurs, que les invités peuvent emporter chez eux.

Album Photo :

Compilez les photos de l'événement dans un album photo spécial que vous pouvez offrir à vos invités en souvenir.

Lettres de Remerciement :

Rédigez des lettres de remerciement personnelles pour chaque invité, exprimant votre gratitude pour leur présence.

Cadeaux Utilitaires :

Offrez des cadeaux utiles, comme des porte-clés, des carnets ou des stylos personnalisés.

En créant des souvenirs inoubliables à travers la photographie, des activités amusantes et des cadeaux d'appréciation, vous renforcerez les liens avec vos proches et ferez en sorte que votre buffet dînatoire reste gravé dans leur mémoire.

Chapitre 13 :

Savourer le Succès du Buffet Dînatoire Zen

Félicitations, vous avez atteint le moment que vous attendiez avec impatience : votre buffet dînatoire est prêt, vos invités sont là, tout le monde s'amuse et il est temps de savourer le succès de votre événement que vous avez planifié avec soin. Explorerons comment profiter pleinement de l'événement !

Profiter de l'Événement

Alors que votre buffet dînatoire se déroule, prenez le temps de vous immerger dans l'ambiance. Goûtez aux plats que vous avez préparés avec amour, engagez-vous avec vos invités et profitez de chaque instant. N'oubliez pas que vous avez planifié cet événement pour vous et vos proches, alors laissez-vous emporter par la joie et la convivialité de l'occasion. Et si vous alliez immortaliser le moment avec vos proches au Photo Booth ?!

Soyez Présent

N'oubliez pas que vous avez travaillé dur pour organiser cet événement, alors prenez le temps de le savourer. Voici comment profiter pleinement de votre propre buffet dînatoire :

Mangez avec vos Invités :

Prenez le temps de vous asseoir et de déguster les plats avec vos invités. C'est l'occasion de recevoir des compliments pour votre travail acharné.

Capturez les Moments :

Prenez des photos de l'événement pour vous souvenir de cette occasion spéciale. Demandez à un ami ou à un membre de votre équipe de jouer le rôle de photographe ou participez au « Photo Booth » organisé pour l'occasion, que chacun se prenne au jeu. Fous rires garantis !

Respirez Profondément :

Si vous vous sentez stressé, prenez une pause pour respirer profondément et vous recentrer. Cela vous aidera à rester calme et à profiter de l'instant présent.

Recueillir les Commentaires et les Retours des Invités

Vous comptez organiser d'autres événements ? Les commentaires de vos invités sont précieux pour améliorer vos compétences en matière de buffet dînatoire. Prenez le temps de discuter avec eux, de recueillir leurs impressions et leurs retours. Écoutez ce qu'ils ont apprécié et si des ajustements sont nécessaires. Cela vous aidera à vous perfectionner pour les futurs événements et même peut-être de répondre tout de suite à leur souci.

Chapitre 14 :

Événements Spéciaux : Mariages, Anniversaires et Plus

Les conseils que vous avez appris tout au long de ce livre peuvent être adaptés à une variété d'événements spéciaux, tels que les mariages, les anniversaires et d'autres occasions importantes. Les principes de la planification, de la préparation et de la présentation d'un buffet dînatoire restent les mêmes, quelle que soit l'occasion.

Vous pouvez aborder chacun de ces événements de manière sereine, foi d'une organisatrice d'événementiels passionnée !

Cependant, il est important d'adapter ces conseils en fonction de la nature de l'événement :

Organiser un Buffet Dînatoire pour un Mariage Hors du Commun

Les mariages sont l'un des événements les plus importants de la vie, et un buffet dînatoire peut être une option fantastique pour célébrer cette occasion. Ils exigent souvent un peu plus de formalité et de sophistication. Commencez à planifier l'événement plus d'un an à l'avance, car vous allez avoir du pain sur la planche dans tous les domaines ! Voici quelques conseils spécifiques pour un buffet de mariage serein :

Planification Anticipée :

Commencez à planifier votre buffet de mariage plusieurs mois à l'avance pour vous assurer d'avoir le temps de tout organiser, en prenant en compte les temps de conservation des aliments choisis en fonction de la méthode de conservation.

Coordination avec d'Autres Fournisseurs :

Si vous engagez un traiteur, assurez-vous qu'ils sont en coordination avec d'autres fournisseurs, tels que le fleuriste et le photographe, pour garantir une expérience harmonieuse.

Menu Varié :

Offrez une variété de plats qui raviront tous les invités, y compris ceux ayant des régimes alimentaires spéciaux évidemment.

Présentation Élégante :

Choisissez une présentation élégante pour votre buffet de mariage, avec des nappes et des serviettes assorties, des plateaux de service attrayants, des décorations florales… Sortez le grand jeu, il s'agit de Votre Jour.

Cocktails de Célébration :

Préparez des cocktails spéciaux pour trinquer à l'amour et à l'union du couple sera un plus. Il fait chaud ? Un mojito maison servi dans un beau saladier en verre et sa « Virgin » version dans une bonbonnière assortie enchanteront tout le monde. Un vin chaud épicé en hiver réchauffera les mains, les cœurs et l'ambiance sans soucis… A vous de choisir.

Célébrer les Anniversaires

Les anniversaires sont l'occasion de célébrer la vie et une personne en particulier. Incluez les plats préférés de la personne célébrée et ajoutez des éléments de décoration qui reflètent sa personnalité. Vous n'aurez pas besoin d'un mois pour planifier cela, à moins d'avoir besoin de vous faire livrer certains éléments (de décoration par exemple), mieux vaut alors s'y prendre à l'avance et prévoir des plans B :

Thème :

Choisissez un thème en fonction des intérêts et des passions de la personne célébrée.

Gâteau d'Anniversaire :

Un gâteau d'anniversaire spécial est un incontournable. Vous pouvez opter pour un gâteau fait maison ou commander un gâteau personnalisé ou même une ribambelle de petits gâteaux pour les gourmands.

Activités Spéciales :

Intégrez des activités ou des jeux qui rappellent des souvenirs spéciaux ou des moments marquants de la vie de la personne célébrée.

Autres Événements

Pour d'autres occasions spéciales, qu'elles soient professionnelles, pour fêter un diplôme ou juste vous retrouver entre amis (toutes les raisons sont bonnes !), tenez compte de la taille de la foule, de l'heure de la journée et de la saison pour déterminer les plats et boissons appropriés, tout comme la décoration et les animations. En fonction du type d'événement, je vous conseillerais de vous y prendre le plus tôt possible, « mieux vaut prévenir que guérir » !

En adaptant ces conseils à des événements spéciaux tels que les mariages, les anniversaires et d'autres occasions importantes, vous pouvez créer des buffets dînatoires mémorables et significatifs qui laisseront une impression durable sur vos invités et célébreront de manière spéciale chaque moment précieux de la vie.

Conclusion :

À Table, et que la Fête Continue !

Félicitations, vous avez atteint la fin de ce voyage gastronomique où nous avons exploré le monde merveilleux du buffet dînatoire zen. Vous avez appris à planifier, préparer et profiter de ces festins sans fin, et vous êtes maintenant prêt à devenir la star incontestée des rassemblements gourmands !

Alors, avant de lever le couvercle du dernier plateau, permettez- moi de vous rappeler pourquoi le buffet dînatoire est tout simplement génial :

La Magie du Choix : C'est comme une aventure culinaire où chacun crée son propre parcours gastronomique. Le choix est roi, et les assiettes sont des toiles vierges pour votre créativité culinaire.

Moins de Stress, Plus de Fun : Fini le stress de servir un repas à table. Avec un buffet dînatoire, vous pouvez enfin être l'hôte détendu et profiter pleinement de la fête.

La Créativité Déchaînée : Votre imagination culinaire n'a plus de limites. Des mini-tacos aux verrines colorées, chaque bouchée est une œuvre d'art gastronomique.

La Joie des Retrouvailles : Rien ne rassemble mieux les gens que de se réunir autour de délices partagés. Le buffet dînatoire crée des moments de convivialité, de rires et de souvenirs qui durent toute une vie.

Alors, que ce soit pour un mariage glamour, un anniversaire délirant, ou simplement une réunion entre amis, n'oubliez jamais que le buffet dînatoire est là pour vous. Il est votre allié secret pour une expérience culinaire sans stress et inoubliable.

Et maintenant, je vous lance un défi : préparez un buffet dînatoire, invitez vos proches, et laissez votre créativité culinaire s'épanouir. Ne craignez pas d'expérimenter, d'innover et de créer des souvenirs gourmands qui feront parler de vous pendant des années.

Merci d'avoir embarqué avec moi dans cette aventure culinaire. Continuez à cuisiner, à rire, à partager et à déguster. Que votre chemin culinaire soit toujours aussi savoureux et rempli de moments mémorables. N'hésitez pas à partager avec moi vos commentaire et/ou expériences en m'envoyant message et photos à l'adresse électronique de la maison d'édition :

contact@editions-poerava.com.

Bon appétit, et que la fête continue !

À PROPOS DE L'AUTEUR ET DE SES OUVRAGES

Sophie-Fleur Blanchard

Editions Poerava
Marque déposée de la SAS Poerava
www.editions-poerava.com
contact@editions-poerava.com

SAS Poerava - 116 avenue Jules Cantini - 8ème sur Parc, Bât.3
13008 Marseille.

Made in the USA
Columbia, SC
04 July 2025